nihil obstat

2., durchgesehene Auflage 2022

Herausgeber: ruach.jetzt GmbH
Autor, Idee, Satz: Tobias Sauer
Umschlaggestaltung, Illustration: Tiffany J. Maaßen
Lektorat: Matthias Beer, Lisa Menzel

Verlag & Druck: ruach.jetzt GmbH, Saarstraße 99, 54290 Trier
ISBN: 978-3-949617-10-2

Gedruckt in Deutschland auf Recyclingpapier

Bibliografische Information der Deutschen Nationalbibliothek:
Die Deutsche Nationalbibliothek verzeichnet diese Publikation in der Deutschen Nationalbibliografie; detaillierte bibliografische Daten sind im Internet über http://dnb.dnb.de abrufbar.

Inhaltsverzeichnis

Über dieses Projekt

Wir lieben Geschichten. Denn jede gute Geschichte lässt Raum für eigene Abenteuer. Wer hat sich nicht selbst mal gewünscht, Zauberschüler:in zu sein, einen Ring in einen Vulkan zu werfen oder als Meisterdieb:in die Mächtigen zu beklauen? Geschichten sind nicht beliebig. Sie leiten heraus aus dem Bekannten und entführen an fremde Orte. Sie sind nicht belanglos, denn sie stellen die Fragen des Lebens. Auf welcher Seite möchtest Du stehen? Für wen würdest Du eintreten? Ist Dir der Held jetzt sympathisch oder magst Du lieber seine Widersacherin?

Die christliche Tradition ist voll mit Geschichten. Abseits der Bibel gibt es einen reichen Fundus an Heiligenlegenden: Erzählungen von Menschen, die mit ihrem Leben, der Welt und Gott gerungen haben. Wenn wir an Heilige denken, dann immer so, als ob diese ein perfektes Leben gelebt haben: *Ich bin ja kein:e Heilige:r.*

Doch ein Blick in die unzähligen Geschichten zeigt: *Es war nicht immer einfach.*

Heilige sind weit davon entfernt, perfekt zu sein. Sie haben genau wie wir gerungen. Sie haben oft viel aufgegeben und sich gegen ihr Umfeld gestellt. So manche Heiligengeschichte scheint so auch eins zu eins heute passieren zu können.

Im Mai 2020 haben wir das Projekt *@eswarnichtimmereinfach* auf Instagram gestartet, um von genau diesen Geschichten zu erzählen. Ob all die Geschichten stimmen? Wer weiß. Ob sie historisch korrekt sind? Es darf ab und an bezweifelt werden. Aber sie erzählen von dem Ringen mit sich, der Welt und Gott. Und genau von diesem Ringen wollen wir erzählen. Denn nichts ist perfekt. Nichts ist absolut heilig. Auch nicht die Heiligen.

Danke, dass Du mit dem Kauf dieses Buches unsere Arbeit unterstützt. Seit wir den Account gestartet haben, sind wir überwältigt von dem Feedback und Euren Reaktionen. Wir können gar nicht oft genug Danke für diese unglaubliche Unterstützung sagen: Danke, Danke, Danke!

Tiffany J. Maßen
Illustratorin

@tiffany__draws

Tobias Sauer
kath. Theologe

@ruach.jetzt

Wieso Heilige?

Die katholische Tradition kennt seit jeher Heilige. Zuerst waren das nur die Märtyrer und Märtyrerinnen, die vor allem während der Christenverfolgung ihr Leben ließen. Martin von Tours war der Erste, der aufgrund seines Bekenntnisses und seiner Lebensweise heiliggesprochen wurde und nicht wegen der Art, wie sein Leben beendet wurde. Das war im vierten Jahrhundert.

Für Martin Luther war die Heiligenverehrung unbiblisch, da für ihn die Rolle als Vermittler zwischen Gott und den Menschen einzig Jesus Christus galt. Was die Reformator:innen richtig erkannten, war die undifferenzierte Haltung gegenüber den Heiligen, die stellenweise die Anbetung Gottes zu ersetzen schien. Statt Menschen für ihre Art des Glaubens und Lebens zu verehren, wurden sie als Gott ähnlich angebetet.

Seitdem wird die katholische Kirche nicht müde, immer wieder zu betonen, dass Heilige nicht angebetet, sondern an ihr Leben gedacht und sie selbst nur für ihre Art zu leben verehrt werden können.

Um zu verstehen, warum Heilige überhaupt verehrt werden, bedarf es noch mal eines Blickes darauf, wie die Kirchen denken, dass Gott zu den Menschen spricht. Das Christentum ist eine Offenbarungsreligion. Das heißt, dass davon ausgegangen wird, dass Gott sich immer wieder selbst den Menschen offenbart, also ihre Absichten und Ziele selbst zugänglich macht. Dies geschieht in einer Art und Weise, dass der angesprochene Mensch es auch verstehen kann.

Gott spricht in der Sprache der Menschen und beachtet dabei die Grenzen des menschlichen Verstands. Gott steht über der Zeit und der Welt und sie ändert ihre Meinung nicht. Manches ist nur jetzt noch nicht aus der Situation des Menschen begreifbar.

Die Kirche sammelt diese gemeinsamen Erfahrungen und systematisiert sie. Sie fasst so die Themen und Aussagen zusammen, von denen sie ausgeht, dass Gott selbst sie den Menschen mitteilen möchte. Auch die Bibel ist, etwas grob gesprochen, eine Sammlung von Geschichten verschiedener Menschen mit Gott.

Da Gott mit dem Ende der biblischen Geschichten nicht aufgehört hat, mit Menschen in Kontakt zu treten, betrachtet die katholische Kirche neben der Bibel auch die Tradition als wichtiges Element, um mehr über Gott zu erfahren.

Heilige sind Menschen, in deren Leben sich in besonderer Weise Gott bemerkbar gemacht hat. In der Anerkennung von immer neuen Heiligen zeigt sich, dass Gott auch heute noch Geschichten mit den Menschen erlebt.

Auch wenn es weniger bekannt ist, hat auch die protestantische Kirche einen Namenskalender mit bedeutenden Personen. Schon im 21. Artikel des Augsburger Bekenntnisses, einer grundlegenden Bekenntnisschrift der lutherischen Reformation, wird das Gedenken an Heilige erwähnt. Gerade bei ihnen könne man erkennen, wie Gottes Gnade in dieser Welt wirkt. So fern sind sich Protestant:innen und Katholik:innen im Hinblick auf die Heiligen dann doch nicht.

Ob Heilige für Dich und Deinen Glauben relevant sind, kannst Du Dir nur selbst beantworten.

Don Bosco

Ein Traum prägte mein Leben. Ich war neun Jahre alt und lebte zusammen mit meinen beiden älteren Brüdern und meiner Mutter auf einem Bauernhof. Mein Vater starb, als ich zwei Jahre alt war. In dem Traum kamen Straßenjungen auf den Hof gerannt, um herumzutoben. Normalerweise verjagten wir sie immer mit allen Mitteln. Doch als ich im Traum losjagen wollte, sah ich eine Gestalt, die sagte: *Stelle Dich an die Spitze der Jungen! Nicht mit Schlägen, sondern mit Milde, Güte und Liebe musst Du Dir diese zu Freunden gewinnen.*

Ich wachte auf und verstand nichts. Doch in mir war nun der Wunsch, Priester zu werden. Die Ausbildung war allerdings teuer und mit Geld waren wir nicht gesegnet. Ich fing zunächst eine Lehre als Schneider an und arbeitete später als Stalljunge, um mir eine Ausbildung zu finanzieren. Meine Mutter erkannte, dass ich es ernst meinte und so konnte ich erst das Gymnasium und dann das Priesterseminar besuchen. Mit 26 Jahren war es soweit: Ich wurde zum Priester geweiht.

Mein Einsatzort sollte in Turin sein. Die Industrialisierung hatte den Kindern die Kindheit geraubt. Oft arbeiteten die Eltern oder waren anderweitig ausgelastet, um den Lebensunterhalt zu finanzieren. Die Kinder vertrieben sich ihre Zeit auf der Straße.

Die Pädagogik meiner Zeit kannte keine Antwort außer Strafe. Doch all die Bestrafungen ließen vergessen, dass die Jugendlichen aus Hilflosigkeit so handelten.

Ich gab ihnen Zeit, damit die Jugendlichen ankommen konnten. Ich zeigte ihnen, wie Gesellschaft strukturiert ist, welchen Sinn und welche Werte dahinterstehen und wie sie mit Leben gefüllt werden kann. Und dabei war mir stets klar, dass, wenn Struktur nicht trägt, sie auch geändert werden darf. Die Jugendlichen lernten, was es bedeutet, gemeinsam zu leben.

Nach Jahren des ständigen Ortswechsels konnte ich 1846 einen heruntergekommenen Schuppen finden. Die Jugendlichen packten mit an und so konnten wir bereits zwei Wochen später mit einem Gottesdienst eröffnen.

Das Haus war nie leer. Es entstand Gemeinschaft im Leben und Glauben. Ich erkannte, dass es der richtige Weg für meine Zeit war und gründete 1859 den Orden der Salesianer Don Boscos, um die Idee von unserer kleinen Familie in die Welt hinauszutragen.

Am 31. Januar 1888 starb ich, Don Bosco. Bis zu meinem Tod hatten wir 250 Häuser in Europa und Lateinamerika eröffnet. Ich habe meinen Traum wahr werden lassen.

Óscar Romero

An meinen Anfängen ist nichts Magisches. Ich war durch und durch Karrierist. Mit 13 Jahren kam ich ins Internat, mit 20 Jahren startete ich mein Theologiestudium und brachte es in Rom zum Abschluss. 1943 wurde ich zum Priester geweiht. Erst probierte ich es mit einer Doktorarbeit, brach diese jedoch ab, um als Priester in meine Heimat zurückzukehren.

Meine Predigten wurden weit über meine Pfarrei hinaus gehört. 1967 wurde ich Generalsekretär der nationalen Bischofskonferenz. 1970 wurde ich Weihbischof und 1977 Erzbischof von San Salvador. Ich war ganz oben angekommen.

In den reichen Kreisen von El Salvador freute man sich über meine Ernennung. Denn ich war erklärter Feind von Aufruhr und Marxismus. Wie so viele andere sah ich wegen der nationalen Sicherheit Härte im Umgang mit aufständischen Bauern als geeignetes Mittel an. Die Oligarchen machten gemeinsame Sache mit dem Militär, um den eigenen Einfluss zu sichern.

Ich gebe zu: Ich habe nie hinterfragt, was das bedeutete. Bis im März 1977 mein Mitbruder Rutilio Grande zusammen mit zwei Mitarbeitern im Auftrag der Großgrundbesitzer erschossen wurde. Sie sahen in Grandes Kirche für die Armen ihr Geschäft gefährdet. Rutilio stand für seine christlichen Überzeugungen und ich wusste, dass ich wohl auch diesen Weg gehen musste.

Kirche, und auch ich, redet immer von den Armen, als seien sie abstrakt, und überlässt die tatsächliche Gestaltung der Gesellschaft der Politik. Doch die Armen sind nicht fiktiv. Sie sind real und werden real ausgebedeutet und unterdrückt. Ich erkannte, dass mir keine Wahl blieb, als die Gesellschaft aktiv nach dem Evangelium mitzugestalten. Ich lebte bei den Kranken und besuchte die Gemeinden und Familien, die Zielscheibe des Staatsterrors durch Todesschwadronen wurden. All die Verbrechen, die begangen wurden, ließ ich dokumentieren.

Regelmäßig sprach ich ehrlich und offen über das Evangelium. Und was es für die Gesellschaft bedeutet, danach zu leben: Füreinander da zu sein, statt sich der Macht wegen gegenseitig zu töten. Mitbischöfe mieden mich für meine Arbeit. Doch ich war nicht Hirte für die Hirten. Mein Ort war bei den Armen und Unterdrückten.

Am 24. März 1980 wurde ich, Óscar Romero, von einem Scharfschützen am Altar erschossen. Ich stand für eine Kirche der Armen und hatte mir damit viele Feinde gemacht.

Mamertus · 11. Mai

Bischof von Vienne · Patron der Ammen, Hirt:innen und der Feuerwehr

Mamertus

Das war knapp. Mein Start ins Bischofsamt war jetzt nicht der geschickteste. Mein Name ist Mamertus. Ich bin geboren in Lyon und musste mein Leben lang nicht Not klagen. Ich wurde 461 Bischof von Vienne. Einige sagten, es läge an meiner großen Heiligkeit. Mein kleiner Bruder war auch Priester. Er hatte es mehr so mit Büchern, ich mit Menschen. Er eher so Philosoph, ich eher so Politiker.

Mein größter Patzer? Zwei Jahre nach meinem Amtseintritt sorgte ich dafür, dass als neuer Bischof Marcellus geweiht wurde. Volk und Papst gefiel das nicht und die Karriere war dahin. Zusätzlich wurden meine Ländereien immer wieder von Naturkatastrophen geplagt: Mal Feuer, mal Erdbeben, mal Raubtiere, die über uns herfielen. Mir blieben nicht allzu viele Mittel, um etwas dagegen zu tun, außer die Frömmigkeit zu fördern; sie öffentlich zu machen, um unser Schicksal in Gottes Hände zu legen.

Mit dem Rücken zur Wand erinnerte ich mich daran, was ich am besten konnte: Menschen spüren und lenken. Es gab eine tiefe, fromme Verehrung des Märtyrers Ferreolus in der Region. Ich ließ seine Gebeine finden, eine Basilika errichten und sorgte dafür, dass die Menschen einen Ort bekamen. Sie vertrauten mir wieder mehr, weil ich mich um sie kümmerte.

Doch die Feuer und Plagen hörten nicht auf und die Menschen deuteten es als Strafe Gottes. Es gab in der Vergangenheit immer mal wieder vor dem Fest Christi Himmelfahrt selbstorganisierte Bittprozessionen. Ich fasste den Entschluss, sie an die Kirche zu binden und verbindlich an den drei Tagen vor dem Fest einzuführen.

Just am Morgen des Tages, als ich es verkünden wollte, hörte ein großer Waldbrand in unserer Nähe einfach auf zu brennen. Klar hatte ich auch in der Nacht gebetet. Aber das tat ich auch sonst. Ich wusste nicht, warum das Feuer nicht mehr brannte, aber ich merkte, dass das Volk es als Zeichen sah. So verband ich die Frömmigkeit des Volkes mit den Glaubenswahrheiten der Kirche.

477 starb ich, Mamertus. Heute bin ich Patron der Ammen, Hirten:innen und der Feuerwehr. Man betet zu mir gegen Krankheit der Brüste, Fieber und Dürre. Mit meinem Gedenktag am 11. Mai zähle ich zu den Eisheiligen.

Pankratius

Ich habe keine Ahnung, wie es so weit gekommen ist! Ich war elf Jahre alt, als meine Mutter starb und mein Vater, völlig überfordert mit seiner eigenen Trauer und mir, mich zu seinem Bruder Dionysios schickte. Mit diesem verließ ich drei Jahre später meine Heimat Phyrgien (in der heutigen Türkei), um nach Rom zu reisen. Dort lebten wir in der Insula Cuminiana am Fuße des Caelius. Meine Familie war offensichtlich nicht die ärmste.

Wir bekamen mit, dass es in unserem Viertel eine Gruppe von Menschen gab, die sich Christen nannten. In ihrer Vorstellung gab es nur einen Gott und dieser war als Mensch am Kreuz gestorben; natürlich nicht, ohne sich vorher genügend als Wanderprediger bekannt zu machen. So weit, so austauschbar.

Was mich aber faszinierte, war, wie sie mit den Ärmsten umgingen. Sie taten Gutes – ohne groß aufzufallen. Aus Neugier versuchten wir, in Kontakt zu kommen. Keine leichte Sache! Aber als wir mal ein Treffen besuchten, waren wir geflasht und wollten mitmachen. Es gab nur ein Problem: Der römische Staat sah in der Bewegung eine Gefahr für die innere Sicherheit. Deswegen wurden sie verfolgt. Im Klartext: getötet.

Ich war überzeugt von ihren Taten und Worten und entschied mich dazu, mich ihnen anzuschließen. Der Chef von ihnen, sie nannten ihn Bischof von Rom, unterwies uns 20 Tage lang, bevor er uns taufte. Mein Onkel schien dadurch Frieden mit sich und der Welt geschlossen zu haben und entschlief noch in derselben Nacht. Und ich? Mich trieb es auf die Straße! Ich wollte genauso handeln und leben wie die Christ:innen!

Es kam, wie es kommen musste: Sie fassten mich. Stellten fest, dass meine Familie wirklich viel Geld hatte und brachten mich direkt zum Kaiser. Dieser sagte was von: *so ein Quatsch*. Ich erzählte ihm ein paar Sex-Anekdoten von seinen Gottheiten und stellte das Gleiche fest. Das schien ihm nicht zu gefallen. Noch am selben Tag ließ er meinen Kopf vom Körper trennen. Um meinen Körper kümmerte sich die Christin Ottavia. Ohne sie gäb es nichts mehr von mir.

303 starb ich, Pankratius. Ich bin Patron der Stadt Rom, der Ritter:innen und der Erstkommunionkinder. Mit meinem Gedenktag am 12. Mai zähle ich zu den Eisheiligen.

Servatius von Tongern

Wer ich eigentlich war? Das kann heute keiner mehr so recht sagen. Aber die Leute sehen in mir einen starken Bischof, der unermüdlich für den Glauben stritt. Wahrscheinlich sind die Geschichten, die man heute so über mich erzählt, eine Zusammenfassung von zwei Personen, die nur Glaube und Namen teilten.

Ich wurde 343 in Armenien geboren und bin Teil der heiligen Sippe. Damit zählt man mich zu der Verwandschaft Jesu. Also nicht direkt zum Stammbaum. Es ist kompliziert. Andere Quellen sagen, meine Eltern seien unbekannt und meine Jugend bewegt, aber nicht sündhaft gewesen. Das Ding mit der heiligen Sippe klingt da schon besser.

So wurde ich 340 Bischof von Tongern, einer Stadt im heutigen Belgien. Von dort aus nahm ich an vielen Konzilien und Synoden teil und trug mich immer artig in die Anwesenheitsliste ein. Daher kennt man noch heute meinen Namen. Bei einer dieser Dienstreisen nach Rom warnte mich der Apostel Paulus im Traum vor einem Vandaleneinfall. Ich sagte es allen. Niemand hörte auf mich. Gut, könnte auch daran liegen, dass ich 384 starb und der Überfall 450 war. Unmittelbarer wäre wahrscheinlich wirkungsvoller gewesen. Den genauen Zeitpunkt hat mir Paulus eben nicht gesagt. Bad Luck.

In meiner eigenen Stadt konnte ich mich nicht mehr sehen lassen. Ungenaue Vorhersagen von Weltuntergängen waren auch damals nicht der Renner. Deswegen verlegte ich den Bischofssitz nach Maastricht. Dort ist er noch heute.

Warum ich heilig bin? Das liegt wahrscheinlich mehr an meinem Nachfolger mit demselben Namen. Dieser kämpfte unermüdlich um die Trinitätslehre gegen den Arianismus. Guter Mann. Kennt nur heute niemand mehr. War vielleicht kein Bischof.

384 starb ich, Servatius von Tongern. Ich bin Patron der Stadt Maastricht und werde gegen Fußleiden, Todesfurcht, Frostschäden oder Mäuse- und Rattenplagen angerufen. Mit meinem Gedenktag am 13. Mai zähle ich zu den Eisheiligen.

Bonifatius von Tarsus

Ich liebte meine Aglae. Ich tat wirklich alles für sie und im Gegenzug tat sie alles mit mir. Wir hatten ein fabelhaft sündiges Leben. Und damit meine ich: Sex. Viel Sex. Manchmal wusste ich gar nicht mehr, ob gerade die Sonne auf- oder unterging. Rom war eine schöne Stadt für uns. Das Leben war wunderbar mit Aglae. Sie war bezaubernd und ich konnte ihr keinen Wunsch abschlagen. Was mir oft zum Nachteil war, denn sie hatte unglaublich komplizierte und abgefahrene Wünsche.

Mal war es ein seltenes Kraut, das es nur bei einer Person gab. Mal ein Ausflug, der sich eher als Raubzug herausstellte. Und dann: Dann war da dieser eine Wunsch, dass sie gerne die Knochen von einem christlichen Märtyrer hätte. Sie dachte wohl, das würde unserer Wohnung einen gewissen Kick geben.

Sie hatte gehört, dass es davon gerade einige in der Region Tarsus gibt. Diese Christ:innen wurden dort aktuell stark verfolgt. Und das Faszinierende: Anstatt sich von ihrem Glauben abzuwenden oder einfach gegenüber den Soldaten zu lügen, bekannten sie sich zu ihrem Gott und starben. Freiwillig. Also nicht das Sterben. Eher so: Ohne ernsten Widerstand.

Ich reiste in die Region und sah mit meinen eigenen Augen, was dort geschah. Diese Christ:innen wurden hingerichtet. Sie wehrten sich nicht. Sie verleugneten sich nicht. Sie lebten im Untergrund, aber statt zu kämpfen, pflegten sie die Ärmsten. Sie kümmerten sich um die Stadt, welche alles daran tat, sie loszuwerden.

Ich konnte nicht anders. Ich musste sie kennenlernen. Ich wollte Aglae keine Knochen eines Märtyrers bringen, ich wollte ihr mich als einen Christen zurückbringen! Ich ließ mich unterweisen, half mit, flog auf und wurde in brennendem Pech hingerichtet. Aglae bekam ihre Gebeine eines Märtyrers. Sie bekam meine.

306 starb ich, Bonifatius. Ich bin kein Patron für irgendwas, aber mein Gedenktag ist am 14. Mai und damit zähle ich zu den Eisheiligen.

Sophia von Rom

Ich würde euch jetzt gerne viel von mir erzählen, aber es gibt nichts zu erzählen. Niemand weiß mehr etwas über mich. Außer, dass ich im vierten Jahrhundert während der Christenverfolgung des Diokletian starb. Danach gibt es nur noch Erklärungen, wo meine Gebeine als Reliquien verehrt werden. Und damit nicht genug: weil man so wenig über mich weiß, aber zumindest Reliquien hat, wird meine Geschichte dann oft mit der von Sophia von Mailand verwechselt.

Mal davon abgesehen, dass sie gut 150 Jahre vor mir gelebt hat, finde ich ihre Taten schockierend: Sie soll, nachdem ihr wohlhabender Mann starb, all ihren Besitz den Armen geschenkt haben und dann, mit der vollen Absicht, ein Martyrium (!) zu erleiden, mit ihren drei (!!) Töchtern (!!!) nach Rom gereist sein. Das hat auch geklappt. Alle tot. Ich sehe daran nichts Heiliges. Aber ich weiß auch nicht, ob mein Leben heilig war. Als ob ich euch etwas zeigen kann von dem, was Gott mit uns Menschen plant. Okay, ich war Christin während einer Christenverfolgung. Aber, mal unter uns, ich hätte auch lieber mein Leben genossen, anstatt zu sterben. Ich bin nicht Christin geworden, um ein Martyrium zu erleiden. Ich war es aus Überzeugung.

Ich bin geboren in einer Zeit, als wir Christ:innen frei ein Teil der römischen Gesellschaft sein konnten. Wir lebten, beteten und arbeiteten normal in der Stadt. Konnte ja niemand ahnen, dass so ein irrwitziger Kaiser Allmachtsfantasien hatte und einen Superhelden-Götterkult wieder neu etablieren wollte. Was war denn die Alternative zum Christentum? An einen Staat glauben, der sich selbst in die Nähe der Gottheiten rückt?

304 starb ich, Sophia von Rom. Ich bin Patronin gegen den Spätfrost und für das Wachsen von Feldfrüchten. Mein Gedenktag ist der 15. Mai und ich zähle damit zu den Eisheiligen.

Julia von Korsika

Ich wurde Anfang des fünften Jahrhunderts in Karthago geboren. Seit ich mich erinnern konnte, gehörten meine Familie und ich dem Christentum an. Wir lebten in Karthago, zufrieden und glücklich.

Aus Erzählungen der Alten kannte ich die Zeit, als es nicht möglich war, sich frei zum Christentum zu bekennen. Doch die Welt hatte sich gewandelt. Der alte Glanz des römischen Reiches hatte Rost angesetzt. Immer wieder kam es zu Bürgerkriegen und Verwerfungen. Diese Schwäche nutzten die Feinde Roms und begannen, von außen immer wieder Teile zu erobern.

So fiel auch meine Heimatstadt 435 in die Hände der Vandalen. Ich schien aufgrund meiner äußeren Eigenschaften viel wert zu sein. So verkaufte man mich an einen syrischen Kaufmann mit Namen Eusebius.

Er war die Sorte Mensch, die keinen Gott fürchten will und deswegen behauptet, es gäbe ihn nicht. Er ließ keine Stelle an mir unberührt. Der einzige Trost war, dass ich nicht die Einzige war. Wir wurden auf einem großen Schiff nach Korsika verschifft. Zur Feier unserer Ankunft wurde ein Fest veranstaltet. Es wurden Gottheiten lobend angebetet und der Anflug einer Fress- und Sauforgie lag in der Luft. Wir waren ebenfalls „eingeladen“. Man könnte sagen als Höhepunkt des Abends.

Ich weigerte mich. Meine Vorfahren haben nicht unter der Verfolgung gelitten, damit ich bei der erstbesten Gelegenheit zu Ehren von fremden Gottheiten und Männern, die es sein wollten, tanzte. Sie rissen mir an den Haaren, sie folterten mich und drohten mit dem Tod. Wenn das Leben ohnehin vorbei ist, ist der Tod eine Möglichkeit.

Sie wussten, dass ich Christin war, und so dachten sie, es wäre besonders komisch, wenn ich gekreuzigt werden würde. Quasi als Höhepunkt des Abends.

440 starb ich, Julia von Korsika. Ich bin Patronin der Insel Korsika und Schutzheilige der Folteropfer.

Sara-la-Kâli

Zusammen mit Maria Kleophae und Salome sah ich das leere Grab Jesu. Wir erzählten den anderen Jüngerinnen und Jüngern davon und sorgten dafür, dass die Gemeinde in Jerusalem aufgebaut wurde. Die Gemeinde wuchs. Wir verkündeten die Geschichten von Leben, Tod und Auferstehung Jesu. Immer wieder verließen wir unsere Heimat, um das Evangelium in der Welt zu verkündigen.

Doch wir waren jenen ein Dorn im Auge, die eine gerechte Macht fürchteten. Herodes Agrippa I. begann, wie auch viele nach ihm, uns zu verfolgen. Er ließ Jakobus mit dem Schwert hinrichten und Petrus festnehmen. Einige von uns blieben, andere flohen.

Maria Kleophae, Salome und ich brachen mit einigen anderen auf einem Schiff Richtung Westen auf. Nach mehreren Tagen erreichten wir den Süden des heutigen Frankreichs.

Wir gründeten erneut eine Gemeinde und verkündeten die frohe Botschaft. Im Gegensatz zu unserer Heimatgemeinde hatten wir hier kein Geld. Wir waren auf Almosen angewiesen. So bettelten wir.

Ich wurde Vorsteherin der Gemeinde. Das Umfeld schätzte unsere Botschaft, unseren Dienst und die Art und Weise, wie wir mit ihnen lebten. Schon bald waren wir viele.

Ich wurde am Ende meiner Tage neben Maria und Salome begraben. Da ich schwarz war, sprach man später nur als Dienerin über mich. Doch wer meine Geschichte kennt, weiß, dass ich mehr war. Ich war eine Jüngerin.

Ende des ersten Jahrhunderts starb ich, Sara-la-Kâli. Ich bin Patronin der Sinti und Roma.

Philipp Neri

Aus mir hätte etwas werden können, wenn ich auf den Rat meiner Familie gehört hätte. Habe ich aber nicht. Sonst wäre ich, genau wie mein Vater, ein angesehener Notar in Florenz geworden. Man schickte mich auf die Dominikanerschule. Dort lernte ich den alten Leiter Savonarola kennen. Nicht persönlich, denn seine Idee von einer reformbedürftigen Kirche und der politischen Freiheit der Völker gefiel einigen nicht so gut. Sein Leben endete auf dem Scheiterhaufen. Aber seine Lehren und Ideen waren noch greifbar. Nicht im Geld schien mir der Ruhm zu sein. Mein Vater sah es anders und schickte mich zu meinem Onkel in die kaufmännische Lehre.

Ich verbrachte viel Zeit im angrenzenden Benediktinerkloster und kam immer mehr zu dem Entschluss, dass ich gerne im Leben auf mich allein gestellt sein möchte. So verließ ich meine Stadt und zog arm und mittellos nach Rom. Dort war ich 16 Jahre als Erzieher in der Familie des Galeotto Caccia tätig. Mich trieben immer wieder Erscheinungen der Gottesmutter Maria um. Ich beschloss, dem nachzugehen, und begann das Studium der Theologie.

Ich begriff, dass mein Weg bei den Menschen begann. So brachte ich zwar das Studium zu Ende, aber kümmerte mich bereits währenddessen um die Armen und Bedürftigen der Stadt.

Nach Rom pilgerten vielen Menschen. Die meisten verkauften vorher all ihr Hab und Gut, um sich die Reise überhaupt leisten zu können. Sie hatten nicht mehr als das, was sie mit sich trugen. Ich gründete eine Bruderschaft. Wir kümmerten uns um die Menschen.

Ich war gut, brachte den Menschen Freude und war damit ein exzellenter Missionar. Man wollte mich nach Indien schicken, um dort gegen Armut zu kämpfen. Doch mein Indien war Rom und ich blieb. Ich konnte nur bei den Menschen sein, weil ich spürte, dass Gott ganz in mir ist. Seit einer Erscheinung in den Katakomben des Sebastian waren die zwei Rippen über meinem Herz gewölbt. Jeden Tag war so für mich spürbar, dass Gott bei mir ist.

In Zeiten von Ungewissheiten gab ich den Menschen ein Lächeln und war bei ihnen. Ich lehrte, aber ich war mir nie zu schade, mit anzupacken. Ich gründete Gemeinschaften, war hoher Berater und konnte auch über mich selbst zu lachen.

1595 starb ich, Philipp Neri. Ich bin der Patron von Rom, der Spezialeinheiten der US-Army und der Humorist:innen.

Jeanne d'Arc

Ich habe mir die Stimmen nicht eingebildet. Sie waren deutlich da und hatten eine klare Botschaft für mich: *Befreie Frankreich von den Engländern.* Ich wurde 1412 in dem kleinen Dorf Domrémy an der Maas geboren. Um mich herum tobte der Hundertjährige Krieg zwischen Frankreich und England. Eigentlich ging es uns gut. Ich liebte unser kleines Dorf, half mit auf den Feldern, spielte mit den anderen Kindern und fand Ruhe in der Messe. Es war schön. Doch zweimal musste ich mit ansehen, wie Chaos und Zerstörung über unser Dorf hereinbrachen – wie wir geplündert wurden und unsere Häuser in Flammen aufgingen.

Ich fand Trost bei Gott. Was blieb mir auch übrig? Als ich 13 Jahre alt war, hörte ich Stimmen, die kamen, um mich zu leiten. Das erste Mal hatte ich große Furcht. Die Stimmen kamen ungefähr zur Mittagsstunde, im Sommer, im Garten meines Vaters. Ich erkannte die Stimme eines Engels, der heiligen Katharina und Margareta.

Mein Vater wollte nichts davon hören. Lieber hätte er mich endlich verheiratet gesehen. Ich entschied mich, niemals zu heiraten. In meiner Zeit waren Frauen nur glaubwürdig, wenn sie Jungfrauen blieben. Mit 17 Jahren verließ ich mein Dorf.

Ich überzeugte den Stadtkommandanten, dass er mir ein Geleit zum König organisierte. Diesem erzählte ich von meiner Vision, dass er in Reims zum König von Frankreich gesalbt werden sollte. Es gefiel ihm und er vertraute mir, weil ich Dinge wusste, die ich nicht hätte wissen können.

Sie prüften meinen Glauben, bis sie keinen Grund mehr hatten, an ihm zu zweifeln. Ich bekam eine Rüstung und Soldaten. Mit diesen befreite ich Orléans.

Wir befreiten nicht nur Orléans, sondern immer mehr von Frankreich. Der König bekam seine Krone in Reims. Nur die Befreiung von Paris war mir nicht vergönnt. Ich kam in einen Hinterhalt, man verkaufte mich an die Engländer und diese wollten meinen Ruf brechen. Sie fanden keinen Fehler, was sie jedoch nicht davon abhielt, mich der Häresie zu beschuldigen. Ich blieb standhaft. Nur im direkten Anblick des Scheiterhaufens wurde ich schwach. Ich verleugnete mich und bekam nur lebenslänglich.

Im Gefängnis versuchte man immer wieder, meine Jungfräulichkeit zu brechen. Zum Schutz zog ich mir Männerkleidung an. Meine Feinde hatten endlich einen Vorwand, mich zu verurteilen.

1431 starb ich, Jeanne d'Arc. Ich bin die Patronin Frankreichs.

Johannes XXIII.

Mein größtes Glück war, dass die Menschen in mir immer etwas anderes gesehen haben. Das gab mir Freiheit. Ich war eines von 13 Kindern auf dem Bauernhof meiner Eltern. Ich war fasziniert von den Dingen, die mein Großonkel mir von der Welt erzählte, und hätte gerne immer mehr erfahren.

Mein Blick auf die Welt sei eine Gabe, fand auch der Gemeindepfarrer. Doch mein Vater brauchte jede Arbeitskraft auf den Feldern. Gegen den Willen meines Vaters begann ich das Theologiestudium. Ich studierte, nur unterbrochen durch meinen einjährigen Wehrdienst, und wurde 1904 zum Priester geweiht.

In den nächsten Jahren war ich Sekretär des Bischofes Tedeschi von Bergamo. Mich faszinierte sein Einsatz in der Welt an der Seite von Menschen. Er blieb nicht in seinen Mauern, sondern reiste immer wieder dahin, wo er gebraucht wurde. Leider besiegte ihn der Krebs. Seine letzten Worte an mich waren: *Angelo, bete für den Frieden.*

Mit der Kriegserklärung Italiens an Österreich-Ungarn wurde ich erst Sanitätssoldat und später Militärseelsorger. Gegen Ende war ich als Feldkaplan mit an der Front, bis ich 1919 aus dem Dienst entlassen wurde. Ich arbeitete anschließend als Studierendenpfarrer. Mit der Ernennung zum Präsidenten des Päpstlichen Missionswerks begann mein Karriereweg. Viel spannender als die Titel waren die Sachen, die ich auf dem Weg lernte.

Ich spürte im Austausch mit orthodoxen Christ:innen, dass die Kirche von der Einheit profitiert. Der Laizismus in der Türkei zeigte mir den eigenen Elfenbeinturm auf, und das Verhalten meiner Kirche dort, wie stark wir doch von Europa her dachten. In der Zeit des Zweiten Weltkriegs war ich in Athen und half dabei, Jüd:innen die Flucht zu ermöglichen. Und in Paris lernte ich den Marxismus kennen und die Auseinandersetzung rund um den Kolonialismus.

1958 wurde ich zum Papst gewählt. Niemand traute mir etwas zu. Mein Glück. Denn ich habe gesehen, dass die katholische Kirche die Welt vergessen hatte. 30 Tage nach meiner Wahl rief ich das II. Vatikanische Konzil zusammen, dessen Ende ich nicht mehr erlebte.

1963 starb ich, Papst Johannes XXIII., geboren als Angelo Giuseppe Roncalli.

Emily Davison

Ich bin 1872 in London als zweites von drei Kindern geboren und hatte das große Glück, dass meine Eltern mir Bildung bezahlten: Erst zu Hause und später dann auf der Highschool. Ich war fleißig und gut und bekam ein Stipendium für ein Studium der Literatur am College. Das Stipendium deckte viele Kosten, aber nicht alle. Als mein Vater starb, konnte meine Mutter nicht mehr den Rest zahlen. Ich musste pausieren und Geld durch die Arbeit als Hauslehrerin sammeln. Dadurch konnte ich mir ein Studium der Biologie, der Chemie, der englischen Sprache und der Literatur finanzieren und erfolgreich abschließen. Wieso ich keinen akademischen Grad habe? Der wurde Frauen damals verwehrt.

Ich lernte in dieser Zeit die Women's Social and Political Union (WSPU) kennen, die sich für das Frauenwahlrecht in Großbritannien einsetzte. Ich wurde Aktivistin. Doch für jede Aktion gab es Repression. Ins Gefängnis gehen wurde für mich zum Alltag.

Es begann 1909, als ich dem Premierminister eine Petition überreicht, die das Frauenwahlrecht forderte: Störung der Öffentlichkeit, ein Monat Gefängnis. Danach erneut vier Monate wegen einer öffentlichen Rede (reden alleine reichte schon) in London. Und im September 1909 noch einmal.

Merkte ich schon auf der Straße, dass wir als Frauen leicht Ziel von Repressionen wurden, so war dies im nicht-öffentlichen Raum des Gefängnisses noch viel schlimmer. Immer wieder protestierte ich mit Hungerstreik, immer wieder wurde ich mit Gewalt zwangsernährt. Wenn ich meine Zellentür nicht öffnete, füllte mann meine Zelle mit Wasser, bis ich aufgeben musste.

Doch starke Repressionen forderten noch stärkere Aktionen, um zu zeigen, dass wir es ernst meinten. Ich war dazu berufen, für diese Sache bis zuletzt zu kämpfen. 1913 kletterte ich beim Pferderennen durch die Absperrung und stellte mich dem Pferd des Königs in den Weg. Ich wurde niedergetrampelt. Und das verbreitete meine Botschaft schneller, als ich es je gekonnt hätte.

Am 8. Juni 1913 starb ich, Emily Davison. Niemand sprach mich heilig, trotzdem bin ich eine Märtyrerin der Frauenbewegung.

Maria Goretti

Mein Leben war viel zu kurz, um viel daraus zu erzählen. Ich wurde 1890 in Ancona, Italien geboren. Wir waren eine Bauernfamilie und zogen deswegen, als ich 9 Jahre alt war, in ein Haus bei Nettuno. Es war schön dort, aber mein Vater konnte es nicht lange erleben. Ein Jahr nach dem Umzug starb er an Malaria. Zusammen mit meiner Mutter begann ich, die Familie zu versorgen.

Es war harte Arbeit und ich hätte sie auch noch länger gemacht. Doch als ich elf Jahre alt war, stellte mir der Sohn einer benachbarten Familie nach: Alessandro Serenelli.

Immer wieder näherte er sich mir an und immer wieder stieß ich ihn von mir. Immer mehr ließ er seinen Kummer in Alkohol ertrinken.

Er dachte, es liege an meiner Religion. Dass ich zu fromm sei, um etwas mit ihm vor der Ehe anzufangen. Aber mal ehrlich? Ich war elf Jahre alt und kümmerte mich bereits um die Familie. Ich hatte keine Idee davon, was er wollte. Ich wusste nur, dass es dabei nicht um mich als Person ging.

Als er sich am 5. Juli 1902 wieder näherte, mich anfasste, nicht gewillt war, mich loszulassen und ich mich mit Händen, Füßen und Worten zur Wehr setzte, zog er eine Ahle und stach so lange auf mich ein, bis ich mich nicht mehr wehren konnte.

Am 6. Juli 1902 starb ich, Maria Goretti, weil ich mich einer Vergewaltigung widersetzte. Ich wurde heiliggesprochen und zur Märtyrerin der Jungfräulichkeit glorifiziert. Dabei ging es mir nie um Jungfräulichkeit. Ich war ein Kind. Mir ging es um meine Würde.

Qiu Jin

Ich wurde 1875 in ein gutes Elternhaus reingeboren, das finanziell zwar auf dem absteigenden Ast war, sich aber innerlich immer noch adlig fühlte. Mein älterer und jüngerer Bruder waren der Stolz der Familie, denn sie waren männlich und konnten damit zu den Ahn:innen beten und so für den zukünftigen Wohlstand und das Ansehen der Familie sorgen. Meine jüngere Schwester und ich dagegen kosteten die Familie, bis wir endlich verheiratet werden konnten, nur Geld.

Meine Mutter sah in uns mehr als Hochzeitsgegenstände und unterrichte uns in Literatur und Poesie. Fasziniert von den klassischen Dichter:innen der Zeit schrieb ich mit elf Jahren meine ersten Verse.

Bei Onkeln und Cousins lernte ich Kampf- und Schwertkunst sowie das Reiten. Ich konnte alles, was ich gebraucht hätte, um eigenständig Karriere zu machen. Doch ich war eine Frau – und so wurde ich im Alter von 21 Jahren verheiratet.

Die Familie meines Mannes war neureich, gewissenlos und ungebildet. Er ein Trinker. Die Schwiegereltern erst zufrieden, als zwei Kinder auf der Welt waren. Als Frau durfte ich nicht dasselbe machen wie Männer, dabei war mein Herz viel mutiger als das eines Mannes!

Mein Glück war, dass Chinas Regierung wackelte. Die Qing-Regierung war in den letzten Zügen und die Zeit war günstig, um auszubrechen. Zu meinem Glück kaufte sich mein Mann eine Stelle in Peking. So lernte ich weitere Frauen kennen und merkte: Es bestand Handlungsbedarf! Ich wollte nicht länger jemandem gehören, verließ Mann und Kinder und zog nach Japan, wo es auch als Frau möglich war, zu studieren.

Ich fand meine öffentliche Stimme! Forderte die gleichen Rechte für Männer und Frauen und förderte die Vorbereitungen für eine Revolution. Nur wenn die Qing-Dynastie gestürzt würde, wäre Raum für neues Denken.

Fest entschlossen, dies umzusetzen, zog ich zurück nach China und gründete eine Schule für Mädchen sowie eine Frauenzeitschrift. Ich packte die Themen an, die man verschwieg. Ich plante die Revolution, doch ich wurde verraten.

Am 15. Juli wurde ich, Qiu Jin, enthauptet. Ich kämpfte für die Rechte der Frauen in China und werde dort immer noch als Heldin verehrt. In Europa kennt mich niemand.

Maria Magdalena

Ich wurde in Magdala, einer kleinen Stadt am See Genezareth, geboren. Seit ich mich erinnern kann, war Kummer mein Begleiter. Meine Eltern waren reich und sorgten sich gut um mich. Ich lernte Lesen und Schreiben. Mein Vater war ein frommer Mann und lehrte mich die Tora und besonders die Hoffnung, dass Gott einen Menschen zur Rettung schicken wird.

Doch all diese Hoffnung, die sich schon seit Jahrhunderten nicht erfüllte, sondern nur von Generation zu Generation weitererzählt wurde, drückte mich nieder. Ich sah keinen Sinn in Dingen, die mich nur wach hielten, aber eigentlich lähmten.

Mein Volk hatte Hoffnung. Ich hatte sie verloren. Bis ich auf jenen Mann traf, der wie so viele als Wanderprediger um den See zog. Er erzählte von Gott in einer Art und Weise, die mir neu war. Nicht als kämpfender, rächender, führender Gott, sondern als jemand, der seine Arbeiter:innen fair bezahlt, der einem Verletzten am Straßenrand beisteht, der Gnade verspricht allein dadurch, dass wir sind.

Wir trafen uns. Er nahm mir die Hoffnungslast von den Schultern und ich folgte ihm. Ich war Teil seiner engen Gemeinschaft, sorgte zusammen mit den anderen für den Unterhalt und blieb immer in seiner Nähe – bis zuletzt. Als er am Kreuz hing, war ich noch da, während alle anderen schon geflohen waren.

Ich war für ihn da. In keinem Moment in meinem Leben habe ich aufgehört, Zeugnis zu sein.

Ich, Maria Magdalena, habe als erstes Ostern erlebt, war die Erste, die es verkündet hat, und zeitlebens eine Apostelin, bis mann mich nach dem Tod zu einer Sünderin erklärte. Am 22. Juli wird mir gedacht und auch all dessen, was sie aus mir gemacht haben.

Christopherus

Ich bin, seitdem ich mich erinnern kann, ein großer Mensch gewesen, manche behaupten: ein Riese. Diese Kraft, die ich habe, wollte ich in den Dienst des Mächtigsten stellen. Mit dieser Idee habe ich mich auf den Weg gemacht. Zuerst war ich bei einem König. Er protzte mit seinem Militär. Doch mir fiel auf, dass er immer Angst bekam, wenn jemand vom Teufel sprach. Nicht dieser König, sondern der Teufel schien der mächtigste Herrscher auf dieser Welt zu sein.

Ich verließ den König, um den Teufel zu finden. Der Teufel war ein gefallener Ritter, der durch die Wälder zog und Chaos verbreitete. Ich fand ihn und schloss mich ihm an. Ich spürte die Macht, die von der Zerstörung ausging. Doch ich bemerkte auch, dass der Teufel Kreuze mied. Erblickte er eins, schlug er einen anderen Weg ein. Nicht der Teufel schien am mächtigsten, sondern der Herrscher mit diesem Kreuz.

So verließ ich auch den Teufel und machte mich auf, den unbekannten Herrscher zu suchen. Ich irrte mehrere Tage und Nächte durch das Land. Vergeblich. Völlig erschöpft klopfte ich am Ende eines Tages der vergeblichen Suche an die Tür eines einsamen Hauses. Eine junge Frau machte mir auf und lud mich in ihr Haus ein.

Ich erzählte ihr von meiner Suche. Und sie sagte: *Hörst Du das Rauschen des Flusses, der am Fuße dieses Berges strömt? Viele Menschen sind beim Überqueren des Flusses gestorben. Du aber bist stark. Wenn Du den Herrscher treffen willst, trage die Menschen über den Fluss.*

Ich tat es. Über viele Jahre hinweg lebte ich am Fluss. Trug die Menschen hinüber und wartete. Viele Jahre lang. Bis ich eines Nachts eine Stimme hörte. *Trag mich hinüber.* Der Satz weckte mich aus dem Schlaf. Ich sah ein Kind. Ich fragte nicht nach. War viel zu müde. Nahm meinen Stock in die Hand, das Kind auf die Schulter und begann, es über den Fluss zu tragen. Irgendwas war merkwürdig an diesem Kind. Mit jedem Schritt schien das Wasser zu steigen und das Kind schwerer zu werden. Ich kämpfte mich durch den Fluss. Ich schaffte es gerade so ans andere Ufer.

Keuchend ließ ich das Kind von meiner Schulter steigen. *Du bist so schwer*, sagte ich, *als hätte ich die ganze Welt getragen.* Das Kind schaute mich nur ruhig an und antwortete: *Kein Wunder. Ich bin der, den Du suchst.* Ich blinzelte und das Kind war verschwunden.

250 starb ich, Christopherus. Oft blickte ich auf den Fluss und hoffte, das Kind noch einmal zu treffen. Ich sah es nie mehr, doch ich diente ihm bis zum Tod.

Anna · 26. Juli
Großmutter von Jesus

Anna

Mein Leben war eigentlich in Ordnung. Ich lebte mit meinem Mann Joachim ein genüssliches Leben. Wir waren nicht arm und hatten immer genug zum Teilen: Ein Drittel gaben wir an den Tempel, ein Drittel an die Armen und vom letzten Drittel konnten wir immer noch gut leben. Das lag auch daran, dass Joachim und ich scheinbar keine Kinder bekommen konnten. Glaub mir, wir probierten es oft, sehr oft, sehr, sehr oft.

Eigentlich war es gar nicht so schlimm. Wir hatten Spaß miteinander, wir liebten uns und wir konnten uns nahe sein. Mit Kindern hätten wir sicher nicht so großzügig teilen können. Trotzdem wurde ich immer wieder bemitleidend angesehen. *Sie kann kein Kind schenken*, sagten sie.

Je nachdem, ob es gerade kein wichtigeres Thema gab, wurden deswegen auch unsere Spenden an den Tempel nicht angenommen. Mit uns schien ja etwas nicht zu stimmen. Keine Kinder zu kriegen, so glaubten sie, sei eine Strafe Gottes. Und nur, wenn ich Mutter sei, würde ich meine Aufgabe erfüllen. Das bedrückte Joachim und mich. Denn unsere gemeinsame Zeit fühlte sich ganz anders an, als man uns zuschrieb. Wir waren füreinander da. Immer.

So beteten wir zu Gott, dass sich etwas änderte. Und ich wurde schwanger. Es war eine ganz normale Schwangerschaft mit Höhen und Tiefen und einer Geburt, die genauso schmerzhaft im Anfang und wunderschön am Ende war. Ich bekam Maria. Und sie bekam Jesus. Und das ist wahrscheinlich der Grund, warum man mich überhaupt kennt.

Am 26. Juli wird mir, Anna, der Großmutter von Jesus, gedacht. Niemanden interessiert, wann ich geboren oder gestorben bin. Das Wichtigste war immer, dass ich Mutter werde. Dabei war ich so viel mehr, doch das ist nun alles vergessen.

Ignatius von Loyola

Ich wurde als zwölftes Kind geboren. Meine Mutter verstarb kurz nach meiner Geburt. Ich war ein Adliger und genoss all die Vorzüge. Es lebt sich unbeschwerter, wenn man weiß, dass man wenig von anderen zu befürchten hat. Ich strebte eine Karriere im Militär an. Ich hatte Großes vor, bis an jenem Tag im Mai, als eine Kanonenkugel mein eines Beine zertrümmerte.

Meine Karriere war dahin. Und noch viel schlimmer: Ich durfte nichts machen. Tagein, tagaus lag ich im Schloss meiner Familie herum. Nur Lesen blieb mir. Und so las ich alles. Ich hatte es nicht so mit Religion, aber die Heiligengeschichten faszinierten mich. Ich beschloss, dass der geistliche Weg etwas für mich sein könnte.

So ging ich ins Kloster und lebte bewusst in Askese. Die Tage der Langeweile hatten mich in Ruhe und Stille trainiert. Ich spürte, dass Gott eine Beziehung mit mir aufbaut, wenn ich ihm Raum dafür einräume.

Ich war es gewohnt, meinen Körper für das Gefecht zu trainieren. Hier lernte ich, dass auch der Geist trainierbar ist. Ich entdeckte die Exerzitien.

Auf den verschiedenen Etappen meines Lebens sorgte ich mich um die Menschen in meiner Umgebung. Und weil ich mich auch um die Frauen sorgte, verdächtigte mich die Inquisition. Nicht das letzte Mal. Ich kam ins Gefängnis. Als ich wieder frei war, begann ich das Studium der Philosophie und Theologie in Paris. Mein Ziel? Ich wollte den Seelen helfen. Ich war mit meinen Anliegen nicht allein und gerade die Übungen, die ich entdeckte, faszinierten andere. So gründeten wir eine Gemeinschaft.

Unser Einsatz für eine arme Kirche, die hilft und missioniert, brachte uns in den Verdacht, Lutheraner:innen zu sein. Dabei richtete ich nur in einer Zeit, in der Kirche viel mit Form und Macht beschäftigt war, den Blick wieder auf die Beziehung der Menschen zu Gott als Fundament für den Glauben. Eins hatte ich im Militär gelernt: Veränderung braucht die oberste Ebene. Die Gemeinschaft war fortan die Gesellschaft Jesu und als Orden direkt dem Papst unterstellt.

Am 31. Juli 1556 starb ich, Ignatius von Loyola. Ich gründete den Jesuitenorden, entwickelte die Exerzitien und lenkte den Blick der Kirche zurück auf das Leben in Beziehung mit Gott.

Klara von Assisi

Meine Eltern waren sehr reich und hielten viel darauf. Ich möchte darüber nicht allzu viel klagen, denn ich bekam dadurch die Welt zu sehen. Auf den gemeinsamen Wallfahrten mit meiner Mutter nach Palästina und Rom lernte ich ihren Glauben kennen. Ich begann zu leben, was meine Mutter predigte. Sie sprach lieber über das, was besser wird. Ich hingegen aß nicht so viel vom reichlichen Mittagessen, um es anschließend an die Armen zu verteilen. Meine Eltern liebten Besitz und so war es nicht verwunderlich, dass sie mich auch als solchen sahen und behandelten. Um ihren Status und mich nicht zu verlieren, arrangierten sie eine Hochzeit.

Schon lange befasste ich mich mit der Freiheit der Armut und dem Vorbild, das Franziskus in unserer Region gab. Ich traf mich mit ihm und lernte den Weg der Einfachheit und des Dienstes kennen. Ich fasste den Beschluss, mein Leben wieder selbst zu besitzen und verließ in der Nacht zu Palmsonntag mein Elternhaus, um in die Gemeinschaft der Brüder um Franziskus zu fliehen.

Meine Haare wurden abgeschnitten und ich legte ein einfaches Gewand an. Ab jetzt gehörte ich nur noch Christus.

Ich lebte zuerst in zwei verschiedenen Klöstern der Benediktinerinnen. Doch das reiche, sorglose Leben entsprach nicht meinen Vorstellungen. Ich wollte nichts besitzen, keine Einkünfte und keine Sicherheit. Franziskus ließ ein kleines Haus bauen, damit ich mit anderen Schwestern eine eigene Gemeinschaft mit dem Privileg der Armut gründen konnte. Während dieser Wunsch vom Papst unterstützt wurde, hielt mann die Ordensregeln, die ich geschrieben habe, für zu stark und nicht durchhaltbar. Ich bewies mit meinen Schwestern zwar, dass es möglich ist, aber arm zu sein und zu bleiben hieß auch, unabhängig von Gönner:innen zu werden. Und damit verloren sie Macht über uns.

Kurz vor meinem Tod zahlte sich meine Beharrlichkeit aus: Die Ordensregeln wurden offiziell anerkannt.

Am 11. August 1253, starb ich, Klara von Assisi, die erste Frau, die eine Ordensregel für Frauen geschrieben hat.

Frère Roger

Spannungen konnte ich gut aushalten. Ich lernte meinen Glauben aus vier Perspektiven kennen. Mein Vater war reformierter Pfarrer, meine Mutter Protestantin, die Witwe, die sich ab und an um uns kümmerte, Katholikin. Und als ich erkrankte und purer Zweifel mich erfasste, lernte ich das Nichtglauben als vierte Perspektive kennen.

Eigentlich wollte ich Schriftsteller werden. Doch als der Verlag von mir Korrekturen an meinem Werk verlangte, sah ich davon ab. Ich folgte dem Rat meines Vaters und studierte evangelische Theologie. Mich faszinierte das Mönchtum. Der Protestantismus hatte es verlernt. Aber ich war mir sicher, dass die Einfachheit des Lebens eine Stärke für die Versöhnung des Christentums war.

Ich suchte in meiner Abschlussarbeit nach Lösungen und gleichzeitig nach einem Haus, das mir praktische Versuche ermöglichte. Ich suchte etwas Abgelegenes und fand das fünfzig Personen große Taizé.

Es lag an der Grenze des besetzten und unbesetzten Frankreichs. Es war ein perfekter Ort, um den Menschen während des Krieges Schutz und Flucht zu ermöglichen. Regelmäßig rettete ich Menschen in die Schweiz. So auch, als die Gestapo von unserem Haus Wind bekam und es stürmte. Ich konnte erst einmal nicht zurück nach Taizé. So beendete ich mein Studium und hoffte auf bessere Zeiten.

Doch auch in Genf hörte ich nicht auf, an der Idee einer Gemeinschaft zu arbeiten. Und so konnte ich im Herbst 1944 zusammen mit drei Freunden zurück nach Taizé. Wir machten da weiter, wo wir aufgehört hatten, und kümmerten uns um die Verletzten des Krieges – beider Seiten. Der Krieg hatte schon genug Wunden gerissen. Ich wollte versöhnen.

Wir spürten, dass unsere Gemeinschaft uns trug. So beschlossen wir 1949, mit sieben Brüdern eine Profess abzulegen. Wir gründeten die Communauté de Taizé. Unser Ziel: Die Versöhnung. Es kam das Konzil der Jugend, es folgten regelmäßige Treffen. Immer mehr junge Menschen besuchten uns über die Jahre. Wir hielten es einfach. Und das half ihnen, sich, andere und Gott zu verstehen.

Am 16. August 2005 wurde ich, Frère Roger, während des Abendgebets erstochen. Ich habe nichts Neues erschaffen, sondern Bekanntes versöhnt.

Mirjam von Abellin

Meine Eltern hatten kein Glück mit mir. Vor mir gab es zwölf andere Kinder, die aber alle verstarben. Ich war ihr großes Glück, denn ich lebte. Nur leider konnten sie es nicht mehr lange genießen. Drei Jahre nach meiner Geburt starben sie. Ich musste zu meinem Onkel. Dieser hatte eigene Pläne für mich.

Wir zogen um nach Alexandria und als ich 13 Jahre alt war, eröffnete er mir, dass er mich bereits verlobt hatte. Es gab nur zwei Wege für mich: Diese Ehe eingehen oder für immer Ehelosigkeit schwören!

Ich wusste nicht, ob ich es für immer schwören konnte, aber ich wusste ganz genau, dass ich jetzt nicht heiraten wollte und konnte. In der Nacht fasste ich einen Entschluss: Ich schnitt mir die Haare ab, legte sie zusammen mit den Verlobungsgeschenken auf ein Tablett und servierte sie den Gästen, die alle eingeladen worden waren, zu den Getränken.

Mein Onkel verstand mich und war außer sich vor Wut: Seitdem war ich für ihn nur noch eine Sklavin. Auch der Priester verweigerte mir die Eucharistie, weil ich nicht dem Willen meines Onkels folgte.

Mein Leben wurde zur Hölle. Mein Körper hielt die ständigen Schläge nicht mehr aus und mein Geist versagte in Anbetracht der Beschimpfungen, die ich tagtäglich hörte. Nur eine Stimme in mir hielt mich am Leben. Sie gab mir Hoffnung, dass es besser wird: Ich musste weg. Wohin genau wusste ich nicht, aber der Ort war nicht hier. Ich musste fliehen.

Ein ehemaliger Diener meiner Familie bot mir Hilfe an. Doch statt mich zu retten, wollte er mich besitzen. Ich wehrte mich. Er schnitt mir die Kehle durch. Ich erinnere mich nur an die Stimme in mir, die mich am Leben hielt. Als ich wieder, wie durch ein Wunder, die Augen öffnen konnte, beschloss ich, zum Schutz ins Kloster zu gehen. Ich bekam Normalität zurück! Die Eucharistie wieder zu empfangen, ließ mich in Tränen ausbrechen. Ich meinte, es geschafft zu haben!

Doch auch hier war nicht der Ort, wo ich ankommen sollte. Mich zog es nach Beirut, Paris und schließlich gründete ich in Betlehem das erste Karmeliterkloster.

Am 26. August 1878 starb ich, Mirjam von Abellin. Ich habe meinen Ort gefunden und bin nach Jahren der Schmerzen wieder mit meinen Eltern vereint.

Hildegard von Bingen

Ich war kein starkes Kind, sagte man mir. Immer schon etwas gebrechlich. Und als zehntes Kind der Familie wurde ich Gott geweiht. Mein Weg war vorbestimmt: Ich hatte Teil der Kirche zu sein. Da war keine Lust oder Passion. Da war einfach nur die Tatsache, dass neun Kinder vor mir waren.

Seit meinem dritten Lebensjahr begleitete mich ein Licht. Außer mir sah es niemand, aber wenn ich es sah, merkte ich, wie meine Gedanken sich sortierten und Klarheit kam. Ab meinem achten Lebensjahr wurde ich für mein Leben als Nonne vorbereitet. Jutta, nur acht Jahre älter als ich, unterrichtete mich. Mit zwanzig legte ich die Profess ab. Wir lebten vollkommen von der Welt abgetrennt in einem Kloster. Es gab nur uns.

Weitere zwanzig Jahre später wählten mich die Schülerinnen zu ihrer neuen Magistra. Ich, selbst so aufgewachsen wie sie, begriff, dass das Leben hier eine Illusion war und wir als Personen keine Rolle spielten. Ich lockerte die Askese, änderte die Speisebestimmungen und kürzte die Gebetszeiten.

Nicht um weniger, sondern um mehr Freiheit für Gott bereitzuhalten. Unserem Abt gefiel es nicht. Für ihn sollten wir eingeschlossen bleiben. Als ich merkte, dass er kein Interesse an Veränderung hatte, folgte ich meinem Herzen und gründete mit 18 Schwestern, gegen seinen Protest, ein neues Kloster.

In mir sah man allzu oft nur eine kränkliche Frau. Doch sie unterschätzten mich. Ich schrieb die Visionen auf, die mir beim Licht kamen, und berief mich auf sie. Sie glaubten nicht, dass eine Frau aus eigener Kraft theologische Kenntnisse hatte, aber sie glaubten an Visionen.

Bei allem, was ich einforderte, war mir wichtig, dass die Gerechtigkeit immer über dem Gehorsam stand. So beriet ich die Mächtigen und stritt mit ihnen. Getragen von der Überzeugung, dass die Liebe keinen Menschen ausschließt. Ich wusste, dass der Mensch Gott nicht begreifen konnte, also konzentrierte ich mich darauf, dass der Mensch sich selbst verstand, um zu wissen, was Gott geschaffen hat.

Am 17. September 1179 starb ich, Hildegard von Bingen. Ich habe gezeigt, dass es wichtiger ist, dem Herz zu folgen, als Gehorsam zu leisten. Ich bin Universalgelehrte und Kirchenlehrerin.

Niklaus von Flüe

Ich bin in eine stattliche Bauernfamilie geboren worden. Wir hatten viel Land und waren deswegen nie von Leid geplagt. Doch schon damals war mir alles zu schrill. Ich hatte das Gefühl, Geräusche stärker zu hören, Gerüche intensiver zu riechen und Emotionen direkter zu spüren. Schon als Kind suchte ich die Stille und Zeit für mich.

Zwar träumte ich immer wieder von einem Leben in Einsamkeit, aber man verlangte von mir, dass ich in die Fußstapfen meiner Familie trat. Ich wurde Bauer und als solcher auch Offizier im Krieg gegen Zürich, um unsere Rechte zu verteidigen. Vier Jahre kämpfte ich, gewann und musste mit ansehen, wie die sich ergebenden Verlierer:innen ohne Gnade geköpft wurden. Die Bilder gingen nicht mehr aus meinem Kopf. Sie gesellten sich als nie aufhörende Schreie zu meinem innerlichen Wunsch nach Ruhe. Wieder zu Hause versuchte ich zu vergessen und normal zu leben. Ich heiratete die vierzehnjährige Dorothea, bekam mit ihr zehn Kinder und war im Dorf als Ratsherr und Richter geschätzt. Ich wollte zumindest in meinem Umfeld Gerechtigkeit herstellen. Doch 1460 rief wieder die Pflicht zum Krieg. Ich versuchte, erneute Blutbäder und Plünderungen zu verhindern. Aber Krieg ist nie gerecht. Krieg hinterlässt Spuren. Und so wurden, wieder zu Hause, die Geräusche im Kopf immer lauter. Mich quälte der Lärm und das Gefühl, das Wesentliche aus den Augen zu verlieren.

Nach langem Ringen mit Dorothea zog ich los, um endlich einsam sein zu können. Ich dachte, ich bräuchte dafür die Ferne, aber letztendlich ließ ich mich nur wenige Meter von meiner Heimat entfernt in einer alten Klause nieder. Ich brauchte nicht viel. Alles, was ich wissen musste, passte auf ein Tuch. Das betrachtete ich tagein, tagaus.

Die Einsamkeit gab meinem Geist Klarheit. Menschen kamen zu mir und fragten nach Rat. Als wieder ein Krieg zwischen Stadt und Land drohte, vermittelte ich und sorgte so für den Erhalt der Eidgenossenschaft.

Am 21. März 1487 starb ich, Nikolaus von Flüe. Ich bin Patron der Schweiz und der Katholischen Landvolkbewegung.

Vinzenz von Paul

Ich war das dritte von sechs Kindern. Meine Eltern verdienten ihr Geld als Bauern. Wir lebten nicht schlecht, doch ihnen war es wichtig, dass einer von uns Karriere machte. Ich schien ihnen dafür am geeignetsten. Keine Ahnung, wieso. Vielleicht war ich ehrgeizig. Vielleicht aber auch nur am wenigsten zu gebrauchen. Mit 14 Jahren begann ich meine Ausbildung zum Priester, mit 16 mein Studium der Theologie in Toulouse und mit 19 war ich bereit, meine erste Pfarrstelle anzunehmen.

Doch es gab viele Priester und die Pfarrstellen waren sehr beliebt. Denn mit einer solchen Stelle hatte man Ruhm, Ehre und ausgesorgt. Um einen Vorteil gegenüber den anderen Konkurrenten zu haben, unternahm ich eine Wallfahrt zu den sieben Pilgerkirchen in Rom. Sie sollten alle wissen, dass ich nicht nur schlau, sondern auch fromm war. Die Stelle bekam ich nicht.

Deswegen schlug ich mich mit geliehenem Geld und Minijobs durch den Alltag. Doch meine Schulden konnte ich nie zurückzahlen und musste fliehen. Auf der Flucht fingen mich Pirat:innen ein und verkauften mich als Sklaven nach Tunis. Erst war ich bei einem Fischer, dann bei einem Alchemisten und schließlich bei einem ehemaligen, nicht mehr glaubenden Franziskaner. Er haderte mit den Religionen. Wir verstanden uns gut. Er war es auch, der mir half, über das Meer zurück nach Paris zu fliehen.

Ich war 27, als ich endlich meine Pfarrstelle bekam. Ich lebte in Gemeinschaft mit anderen Priestern und lernte die gegenseitige Freundschaft und Unterstützung schätzen. Egal, wer in Not war: Die Gemeinschaft stützte. Auf den vielen Pfarrstellen, die ich in den nächsten Jahren bekam, sah ich immer wieder dasselbe: Armut auf der einen Seite und fromme Übungen auf der anderen. Es fehlte die Tat als Verbindung zu dem, was wir beteten.

Ich gründete über die nächsten Jahre Gemeinschaften, in denen die Menschen ganz praktisch Christ:innen waren. Indem sie in Gemeinschaft für die Armen da waren. Statt Gebetszeiten festzusetzen, schulte ich wachsame Augen gegenüber der Not. Bei den Gründungen und Projekten half mir Luise von Marillac. Ohne sie wäre mein Name heute nicht so groß.

Am 27. September 1660 starb ich, Vinzenz von Paul, in Paris. Ich gelte als Begründer der modernen Caritas.

Franz von Assisi

In der Welt, in der ich aufwuchs, waren Probleme schnell erledigt. Meine Eltern waren als angesehene Tuchhändler wohlhabend genug, um alle Herausforderungen mit Geld zu lösen. Ich bekam eine Ausbildung und arbeite für mein Geld. Also hatte ich auch nur wenig Skrupel, es für mich auszugeben.

Bis zu dem Moment, als Assisi in den Krieg zog. Getrieben von der Idee, ein Held zu werden, zog ich mit. Wir unterlagen. Ich sah, was Krieg jenseits vom Heldenepos bedeutet, und blieb zwei Jahre mit diesen Bildern allein im Kerker, bis mein Vater mich freikaufte. Ab dem Moment wusste ich, dass die Art, wie wir lebten, aus der Balance geraten ist.

Als man mich ein zweites Mal zum Dienst am Schwert rief, sagte ich zwar zu, doch kehrte noch auf dem Weg zum Schlachtfeld um. Nicht mehr dem Schwert wollte ich dienen, sondern den Menschen. Ich wandte mich denen zu, die keine Möglichkeit hatten, sich mit Geld ihr Leben schönzureden. Immer wieder und immer länger lebte ich wie die und bei den Bettler:innen der Stadt.

Mein Vater hatte Größeres mit mir vor. Doch er verstand nicht, dass erst, wenn Du nichts mehr hast, Du am meisten bekommen kannst. Er stellte mich auf dem Marktplatz zur Rede. Ihm gefiel es nicht, dass ich Almosen gab und Kirchen aufbaute. Ich gab ihm alles zurück. Nackt ging ich fort.

Die ersten Jahre lebte ich allein. Doch immer mehr Menschen verstanden, dass der Fortschritt zwar Reichtum in die Stadt brachte, aber uns verlernen ließ, wie wir gemeinsam leben. Gegen Unterdrückung stellte ich die Botschaft Jesu, gegen die Liebe zum Geld das Prinzip der Armut. Mit zwölf Männern gründete ich 1209 den ersten Orden der Franziskaner.

In den folgenden Jahren zeigten wir, dass Reichtum nicht alternativlos ist. Ich unterstützte Klara bei der Gründung des zweiten Ordens. Unsere Botschaft verbreitete sich auf der ganzen bekannten Welt. Doch auch ich konnte dem Trend der Klerikalisierung, der Engagement ohne Weihe einschränkte, nicht aufhalten. Um meine Idee weiterhin für alle offen zu halten, arbeitete ich bis zu meinem Tod am dritten Orden.

Am 3. Oktober 1226 starb ich, Franziskus von Assisi. Ich bin Gründer des Ordens der Franziskaner, Reformator der Kirche und Patron der Armen.

Birgitta von Schweden

Was bringt mir alle Macht, wenn ich vergesse, woher ich sie habe? Seit ich mich erinnern kann, war Macht für mich präsent. Mein Vater war vorsitzender Richter und Mitglied des königlichen Reichsrates. Meine Mutter entstammte dem regierenden Königsgeschlecht. Wir hatten viel Land und konnten so sorglos unser Leben gestalten. Mir wurde gesagt, dass Macht etwas ist, das man erhalten muss. Deswegen war klar, dass ich nicht irgendjemanden heiraten konnte. Als ich 13 Jahre alt war, heiratete ich den 18-jährigen Ritter Ulf und zog zu ihm auf die Burg.

Uns ging es gut. Wir bekamen acht Kinder. Doch nicht all unsere Kinder durften lange leben. Meine Kinder sterben zu sehen, brachte mich um so manche Nacht. Wie konnte ich gleichzeitig so mächtig sein und so viel Ohnmacht spüren?

Zu dieser Zeit träumte ich auch immer wieder Bilder, die ich bereits als Kind träumte: Maria mit goldener Krone und Jesus am Kreuz. Das Bild von Macht und Ohnmacht.

Immer, wenn ich Ohnmacht sah, versuchte ich zu helfen. So kümmerte ich mich um all die Menschen, ob arm oder reich, die unser Land bevölkerten. Nach 20 Jahren auf der Burg hatten wir die Möglichkeit, an den Hof des Königs zu gehen. Ich wurde Hofmeisterin der Königin und Erzieherin ihrer Tochter. Bei all meinen Taten merkte ich, dass mir mein Glaube half.

Mein Mann und ich unternahmen viele Wallfahrten. Auf unseren Reisen sahen wir das Unheil, das der Krieg über Europa brachte. Ulf zerriss es. Er wurde krank und verlor seine Hoffnung. Zwar schafften wir noch die Reise, doch zu Hause starb er zurückgezogen in einem Kloster.

Macht, die nicht weiß, wo sie herkommt, schien zügellos geworden zu sein. Ich entsagte meiner Macht und zog mich zurück in ein Kloster. Von dort aus gründete ich eine Gemeinschaft, die auf das ursprüngliche Vertrauen aufeinander und in Gott fußte. Eine sichere Basis.

Die war auch nötig, denn um mich herum merkte ich nun immer klarer, dass Mächtige machten und Ohnmächtige litten. Ich ermahnte und tadelte, ob Klerus oder Großgrundbesitzer:´innen. Das gefiel nicht allen. Doch viele schätzten meinen Geist.

1373 starb ich, Birgitta von Schweden. Einen Platz zwischen Macht und Ohnmacht habe ich nie gefunden.

Teresa von Ávila

Ich war die Dritte von zehn Kindern. Dass wir gut leben konnten, lag daran, dass mein jüdischer Großvater früh genug konvertierte. Wir waren Conversos. Meine Eltern waren fromm und so auch die Geschichten, die wir immer hörten. Nicht verwunderlich also, dass wir *Einsiedler* oder *Märtyrerin* spielten. Was das wirklich bedeutete, wusste ich als Kind nicht.

Meine Mutter war mir in ihrer Sinnlichkeit und Klugheit ein großes Vorbild. Doch als ich 14 Jahre alt war, starb sie. Und in mir das Vertrauen, dass das Beten und Frommsein hilft. Welchen Grund gab es für Gott dafür? Ich wollte nichts mehr von ihm wissen und vertiefte mich in die Unmengen von Ritterromanen, die meine Mutter hinterließ.

In diesen Romanen ging es oft darum, zu zeigen, wer du bist, mit aufwendigen Kleidern und gutem Aussehen. Ich eiferte dem nach und vergaß mein Inneres ganz, um äußerlich zu gefallen. Mein Vater sah nicht den Grund, sondern nur, dass ich nach außen nicht mehr fromm schien.

Um das zu korrigieren, schickte er mich in ein Klosterinternat. Dort, allein auf mich gestellt, merkte ich, dass nicht der Zuspruch von außen das war, was mir Kraft gab, sondern die Momente, in denen ich bei mir war.

Und obwohl ich das Internat wegen einer Krankheit früher verlassen musste, blieb doch der Gedanke, dass ein Leben in Hingabe mir liegen könnte. Gegen den Willen der anderen trat ich ins Kloster ein. Es kämpfte in mir, ob diese Art von Leben für mich etwas war. Immer wieder wurde ich ohnmächtig, lag einfach nur da, schien wie tot. Aber es brodelte in mir.

Ich litt darunter, dass auch im Kloster Dinge zur Schau gestellt wurden. Gebete waren laut und hörbar. Es war egal, wer Du bist, aber nicht egal, was Du tatst. Ich entwickelte für mich das innere Gebet. In mir zu ruhen, statt über etwas nachzudenken. Und es war wie der Beginn eines zweiten Lebens, als ich erkannte: Mein Glaube begleitet mich wie eine gute Freundin. Ich muss nicht darüber nachdenken, wie ich bin. Ich darf einfach sein und habe ein Zuhause in mir bei Gott gefunden. Als ich das wusste, konnte ich endlich für mich Verantwortung übernehmen.

Am 4. Oktober 1582 starb ich, Teresa von Ávila. Ich bin die erste Frau, die als Kirchenlehrerin anerkannt worden ist.

Elisabeth von Thüringen

Mein Leben lief nicht nach Plan und trotzdem hat sich alles gut gefügt. Eigentlich war mit meiner Geburt der Rest meines Lebens vorbestimmt. Als ich vier Jahre alt war, wurde ich zusammen mit meiner Mitgift zu Hermann von Thüringen geschickt. Ihm war ich schon längst versprochen. Mein Leben war so viel wert, wie es der Macht meiner Familie diente. Doch meine Schwiegereltern waren nach einiger Zeit unzufrieden mit ihrem Kauf. Meine Mitgift war ihnen auf Dauer nicht üppig genug. Und als Hermann starb, überlegten sie, mich zu retournieren.

Zum Glück war ihnen der Machterhalt wichtiger und so wurde ich dem zweiten Sohn Ludwig versprochen. Das passte mir gut. Er verstand mich. Als einziger wollte er mich nicht erziehen. Für ihn war ich keine Deko, sondern Teil seines Lebens. Wir heirateten und lebten und erlebten alles gemeinsam. Sowohl am Tisch als auch auf Reisen. Unüblich für meine Zeit.

Trotzdem fühlte ich mich immer wieder fremd am Hof und konnte meine innere Zerrissenheit nicht einordnen. Bis zu dem Tag, als ich von den Ideen des Franz aus Assisi hörte. Ein Stein fiel mir vom Herzen, als ich erkannte, dass mein Glaube die Antwort war. All diesen Reichtum brauchte ich nicht und so war ich frei, ihn zu verschenken.

Ludwig unterstützte mich dabei. Gemeinsam gründeten wir ein Hospital und statteten es mit reichlich Besitz aus, sodass es sich selbst tragen konnte. Nach und nach verschenkte ich all mein Hab und Gut und tauschte teure Kleider gegen ein einfaches Wollkleid. Endlich passte mein Leben zu mir.

Sechs schöne Jahre hatten Ludwig und ich gemeinsam. Denn der Kreuzzug rief und er folgte dem Ruf. Ich begleitete ihn bis zu unseren Landesgrenzen, denn ich spürte, dass ich ihn nie wieder sehen werde. So kam es. Mit Ludwig ging das Letzte, was mich noch am Hof hielt.

Ich war bereit, den Hof für immer zu verlassen. Es war ein Ringen. Ich musste tricksen. Doch endlich konnte ich mein Leben so leben, wie ich es wollte: Schlicht und einfach. Ich lebte bei und für die Armen und führte das weiter, was Ludwig und ich gestartet haben.

Am 17. November 1231 starb ich, Elisabeth von Thüringen, mit 24 Jahren. Am Ende habe ich selbst meinen Wert bestimmt.

Tobias Sauer

ist katholischer Theologe, strategischer Kommunikationsberater und Initiator des christlichen Contentnetzwerks ruach.jetzt.

ruach.jetzt www.ruach.jetzt

Tiffany J. Maaßen

lebt in Neuss. Als Fotografin hält sie einzigartige Momente und wertvolle Erinnerungen fest. Als Illustratorin bringt sie Ideen auf Papier.

tiffany__draws www.tiffanymaassen.de

Noch mehr Geschichten auf

eswarnichtimmereinfach